Impressum
Verlag: BABADADA GmbH, Nedderfeld 112 , 22529 Hamburg
Geschäftsführer / Verlagsleitung: Harald Hof
Druck: Books on Demand GmbH, In de Tarpen 42, 22848 Norderstedt

Imprint
Publisher: BABADADA GmbH, Nedderfeld 112 , 22529 Hamburg, Germany
Managing Director / Publishing direction: Harald Hof
Print: Books on Demand GmbH, In de Tarpen 42, 22848 Norderstedt, Germany

# sekolah

# școală

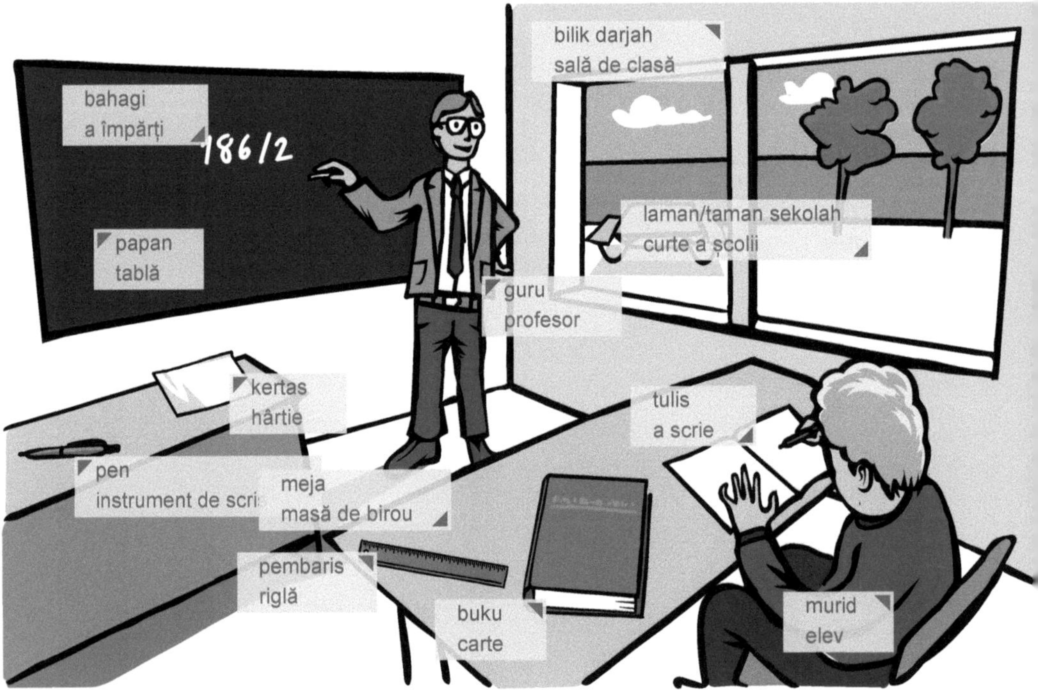

bilik darjah
sală de clasă
bahagi
a împărți
186/2
papan
tablă
laman/taman sekolah
curte a școlii
guru
profesor
kertas
hârtie
tulis
a scrie
pen
instrument de scri
meja
masă de birou
pembaris
riglă
buku
carte
murid
elev


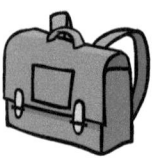

beg galas
..................
ghiozdan

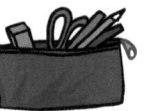

kotak pensel
..................
penar

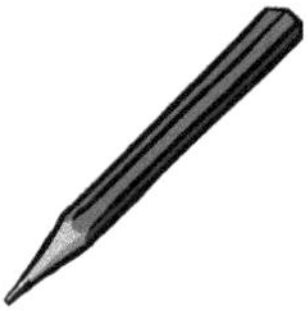

pensel
..................
creion

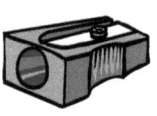

pengasah pensel
..................
ascuțitoare

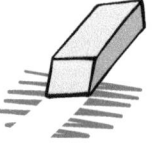

pemadam
..................
radieră

kertas lukisan
..................
bloc de desen

melukis
desen

berus lukis
pensulă

kotak warna
cutie de acuarele

gunting
foarfece

gam
lipici

buku latihan
caiet de exerciții

kerja rumah
temă

12

nombor
număr

2+2

tambah
a aduna

5-2

tolak
a scădea

2×2

darab
a multiplica

kira
a calcula

A

huruf
literă

ABCDEFG
HIJKLMN
OPQRSTU
VWXYZ

abjad
alfabet

kata
cuvânt

teks

text

baca

a citi

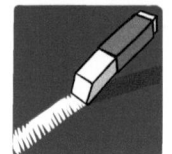
kapur

cretă

pelajaran

oră

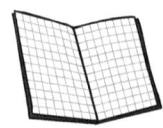
daftar

catalog

peperiksaan

examen

sijil

certificat

uniform sekolah

uniformă școlară

pendidikan

educație

ensiklopedia

enciclopedie

universiti

universitate

mikroskop

microscop

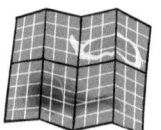
peta

hartă

bakul sampah

coș de gunoi

hotel
hotel

asrama
hostel

ROOMS

pejabat tukaran mata wang
casă de schimb valutar

EXCHANGE

beg pakaian
valiză

kereta
autovehicul

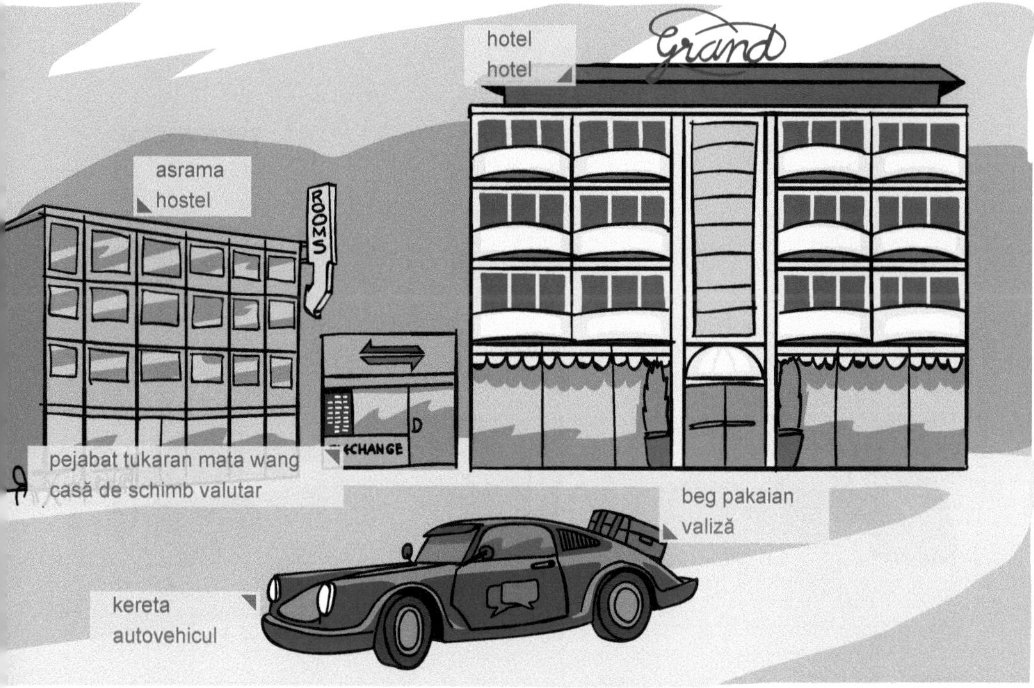

bahasa
limbă

ya / tidak
da/nu

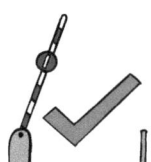

okey
okay

helo
Bună!

penterjemah
interpret

Terima kasih
mulțumesc

berapa banyak...?

Cât costă...?

saya tidak faham

Nu înțeleg

masalah

problemă

Selamat petang!

Bună seara!

Selamat Pagi!

Bună dimineața!

Selamat Malam!

Noapte bună!

selamat tinggal

la revedere

arah

direcție

bagasi

bagaj

beg

geantă

beg galas

rucsac

tetamu

oaspete

bilik tidur

cameră

beg tidur

sac de dormit

khemah

cort

maklumat pelancong

punct de informare turistică

pantai

plajă

kad kredit

carte de credit

sarapan

mic dejun

makan tengah hari

masa de prânz

makan malam

cină

tiket

bilet de călătorie

lif

lift

setem

timbru poștal

sempadan

graniță

kastam

vamă

kedutaan

ambasadă

visa

viză

pasport

pașaport

# pengangkutan
# transport

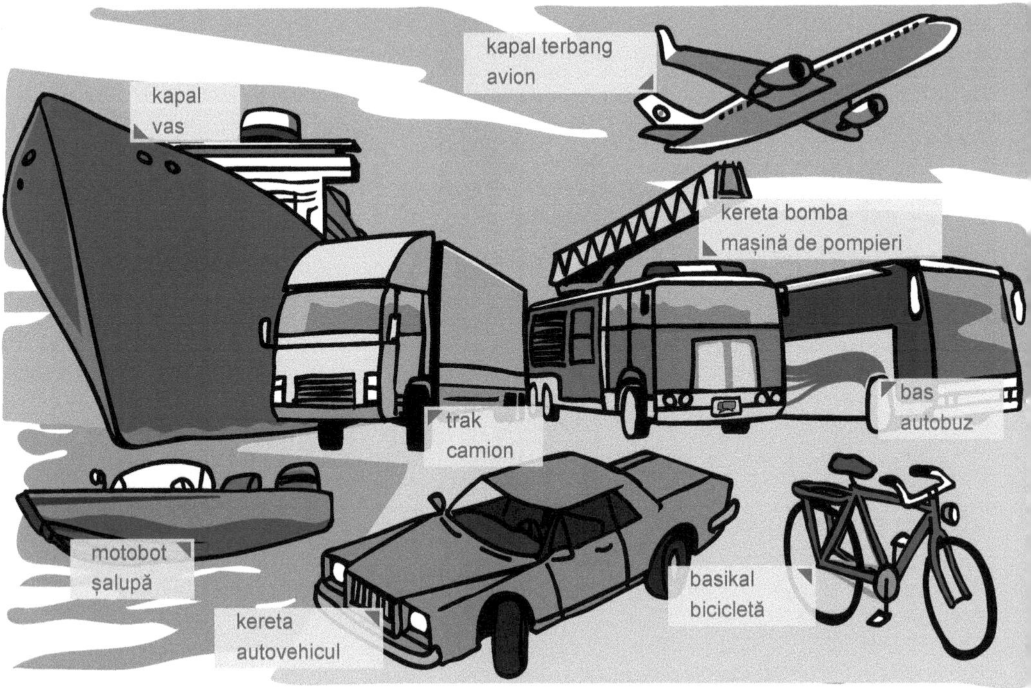

kapal terbang
avion
kapal
vas
kereta bomba
mașină de pompieri
bas
autobuz
trak
camion
motobot
șalupă
basikal
bicicletă
kereta
autovehicul


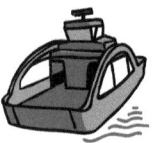

feri
feribot

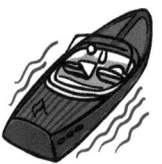

bot
barcă

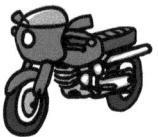

motosikal
motocicletă

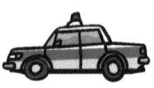

kereta polis
mașină de poliție

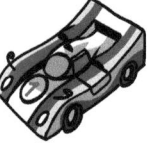

kereta lumba
mașină de curse

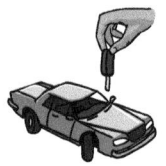

kereta sewa
mașină închiriată

berkongsi kereta

car sharing

trak tunda

mașină de tractat

trak menolak

mașină de gunoi

motor

motor

bahan api

combustibil

stesen minyak

benzinărie

tanda trafik

semn de circulație

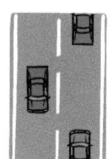

trafik

trafic

kesesakan lalu lintas

ambuteiaj

tempat parkir

parcare

stesen kereta api

gară

trek

șine

kereta api

tren

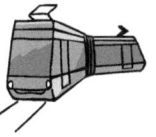

trem

tramvai

gerabak

vagon

helikopter

elicopter

lapangan terbang

aeroport

Menara

turn

penumpang

pasager

bekas

container

kadbod

carton

kart

căruţă

bakul

coş

berlepas / mendarat

a decola/a ateriza

## bandar

## oraș

kampung

sat

pusat bandar

centru

rumah

casă

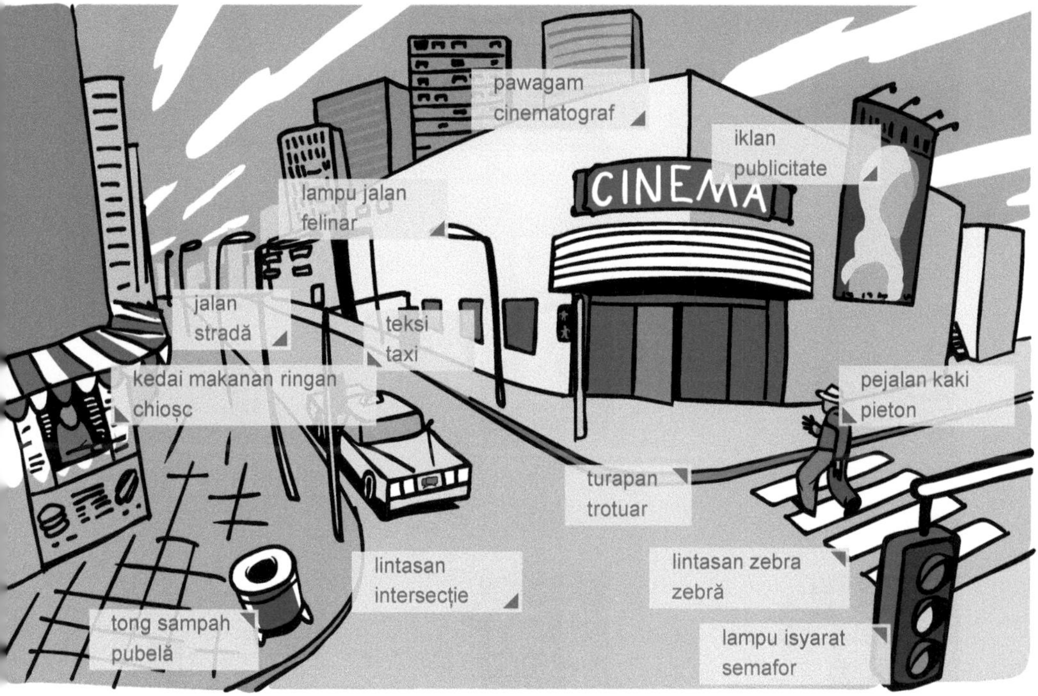

pawagam
cinematograf

iklan
publicitate

lampu jalan
felinar

CINEMA

jalan
stradă

teksi
taxi

kedai makanan ringan
chioşc

pejalan kaki
pieton

turapan
trotuar

lintasan
intersecţie

lintasan zebra
zebră

tong sampah
pubelă

lampu isyarat
semafor

pondok
.................
cabană

flat
.................
apartament

stesen kereta api
.................
gară

dewan bandar
.................
primărie

muzium
.................
muzeu

sekolah
.................
şcoală

bandar - oraş

11

universiti

universitate

bank

bancă

hospital

spital

hotel

hotel

farmasi

farmacie

pejabat

birou

kedai buku

librărie

kedai

magazin

kedai bunga

florărie

pasar raya

supermarket

pasaran

piață

gedung

magazin universal

penjual ikan

comerciant de pește

pusat membeli-belah

centru comercial

pelabuhan

port

taman
parc

bangku
bancă

jambatan
pod

tangga
trepte

bawah tanah
metrou

terowong
tunel

hentian bas
stație de autobuz

bar
bar

restoran
restaurant

peti surat
cutie poștală

papan tanda jalan
tăbliță indicatoare cu
numele străzii

meter parkir
parcometru

zoo
grădină zoologică

kolam renang
piscină

masjid
moschee

ladang
...............
gospodărie țărănească

pencemaran
...............
poluare

tanah perkuburan
...............
cimitir

gereja
...............
biserică

taman permainan
...............
loc de joacă

kuil
...............
templu

## landskap
## peisaj

daun
frunză

tiang tanda
indicator

jalan
drum

padang rumput
pajiște

batu
piatră

pejalan kaki
drumeț

pokok
copac

sungai
râu

rumput
iarbă

bunga
floare

lembah
vale

bukit
deal

tasik
lac

hutan
pădure

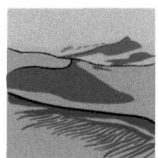

padang pasir
deșert

gunung berapi
vulcan

istana
castel

pelangi
curcubeu

cendawan
ciupercă

pokok kelapa sawit
palmier

nyamuk
țânțar

terbang
muscă

semut
furnică

lebah
albină

labah-labah
păianjen

kumbang

gândac

katak

broască

tupai

veveriță

landak

arici

arnab

iepure

burung hantu

bufniță

burung

pasăre

angsa

lebădă

babi jantan

porc mistreț

rusa

cerb

moose

elan

empangan

dig

turbin angin

turbină eoliană

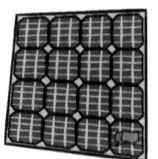

panel solar

panou solar

iklim

climă

# restoran
# restaurant

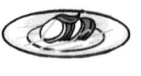

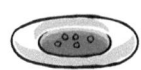

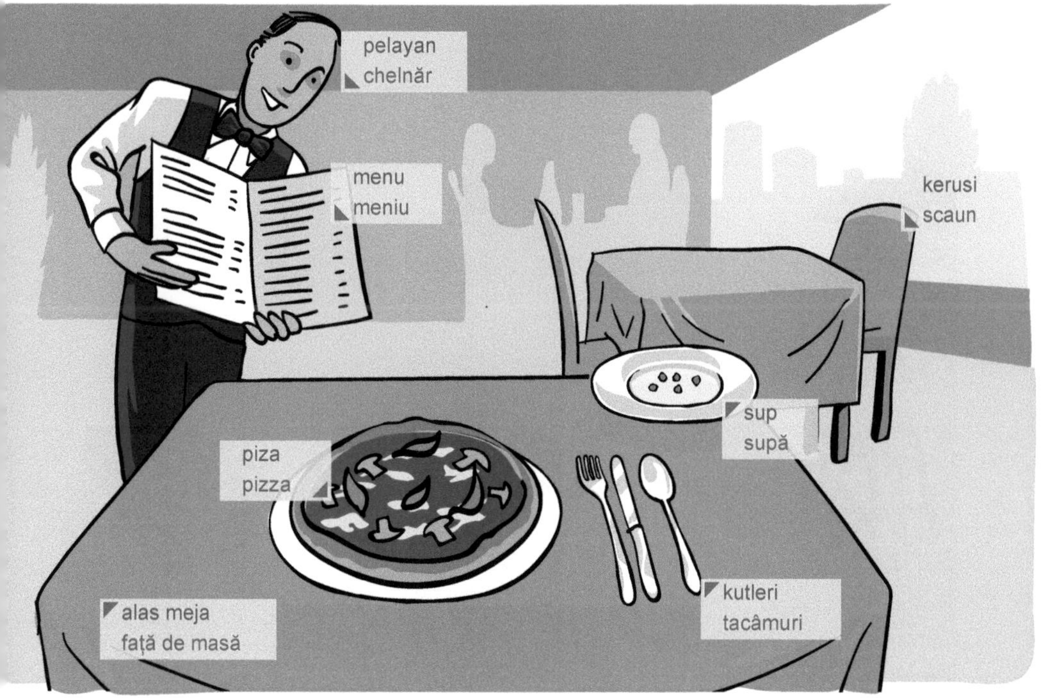

pelayan
chelnăr
menu
meniu
kerusi
scaun
sup
supă
piza
pizza
kutleri
tacâmuri
alas meja
față de masă


pemula
antreu

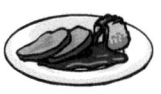

hidangan utama
fel principal

pencuci mulut
desert

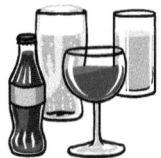

minuman
băuturi

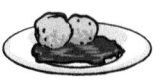

makanan
mâncare

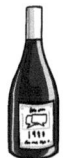

botol
sticlă

makanan segera

fastfood

makanan jalanan

streetfood

teko

ceainic

mangkuk gula

zaharniță

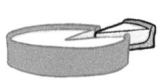

bahagian

porție

mesin espreso

espressor

kerusi tinggi

scaun înalt (pentru copii)

bil

factură

dulang

tavă

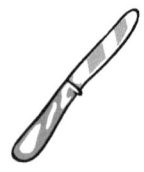

pisau

cuțit

garfu

furculiță

sudu

lingură

sudu teh

linguriță

serviette

șervețel

gelas

pahar

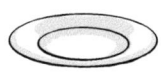

pinggan

farfurie

mangkuk sup

farfurie de supă

piring

farfurie

sos

sos

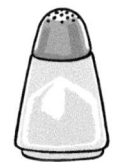

tempat garam

solniță

pengisar lada

râșniță de piper

cuka

oțet

minyak

ulei

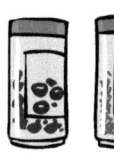

rempah

condimente

sos

ketchup

mustard

muștar

mayones

maioneză

# pasar raya
# supermarket

tawaran istimewa
ofertă
pelanggan
client
tenusu
produse lactate
buah-buahan
fructe
troli
cărucior de cumpărături
FOR


BUTCHERS


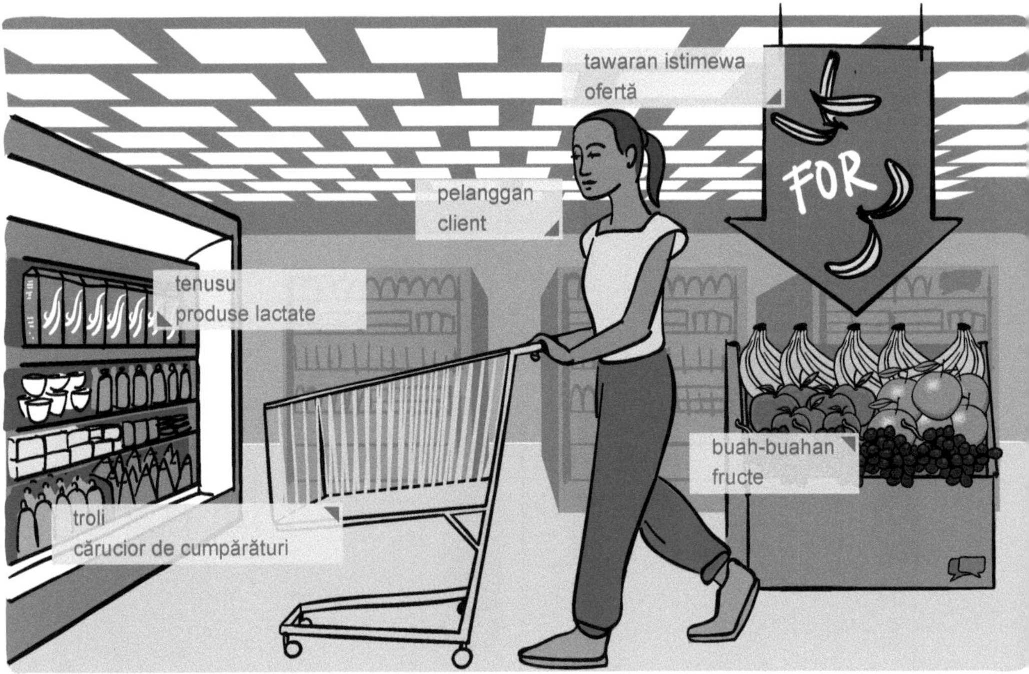

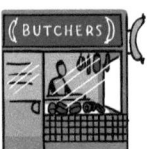

tukang daging

măcelărie

BAKERY


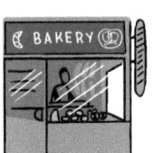

kedai roti

brutărie

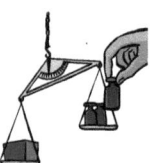

berat

a cântări

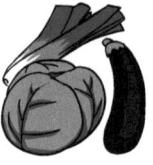

sayur-sayuran

legume

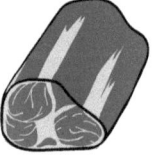

daging

carne

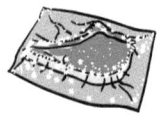

makanan sejuk beku

alimente refrigerate

daging sejuk

mezeluri și brânzeturi feliate

makanan dalam tin

conserve

serbuk pencuci

detergent

gula-gula

dulciuri

produk isi rumah

articole de menaj

produk pembersihan

produse de curățenie

orang jualan

vânzătoare

daftar tunai

casă

juruwang

casier

senarai membeli-belah

listă de cumpărături

waktu pembukaan

orar

beg duit

portmoneu

kad kredit

carte de credit

beg

geantă

beg plastik

pungă de plastic

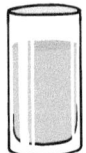

air
..............
apă

jus
..............
suc

susu
..............
lapte

kola
..............
cola

wain
..............
vin

bir
..............
bere

alkohol
..............
alcool

koko
..............
cacao

the
..............
ceai

kopi
..............
cafea

espreso
..............
espresso

kapucino
..............
cappucino

pisang
.............
banane

epal
.............
măr

oren
.............
portocală

tembikai
.............
pepene

lemon
.............
lămâie

lobak merah
.............
morcov

bawang putih
.............
usturoi

buluh
.............
bambus

bawang
.............
ceapă

cendawan
.............
ciupercă

kacang
.............
nuci

mi
.............
paste făinoase

spageti

spagheti

nasi

orez

salad

salată

kerepek

cartofi prăjiți

kentang goreng

cartofi țărănești

piza

pizza

hamburger

hamburger

sandwic

sandwich

kutlet

șnițel

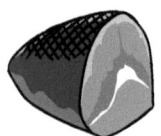

ham

șuncă

salami

salam

sosej

cârnați

ayam

pui

panggang

friptură

ikan

pește

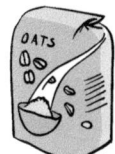

bubur oat

fulgi de ovăz

muesli

musli

emping jagung

cereale

tepung

făină

kroisan

corn

roti roll

chifle

roti

pâine

roti bakar

pâine prăjită

biskut

biscuiţi

mentega

unt

dadih

brânză de vaci

kek

prăjitură

telur

ou

telur goreng

ouă ochiuri

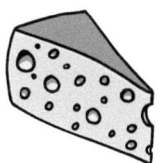

keju

brânză

makanan - mâncare

ais krim

îngheţată

gula

zahăr

madu

miere

jem

marmeladă

krim nougat

cremă nuga

kari

curry

# ladang
## gospodărie țărănească

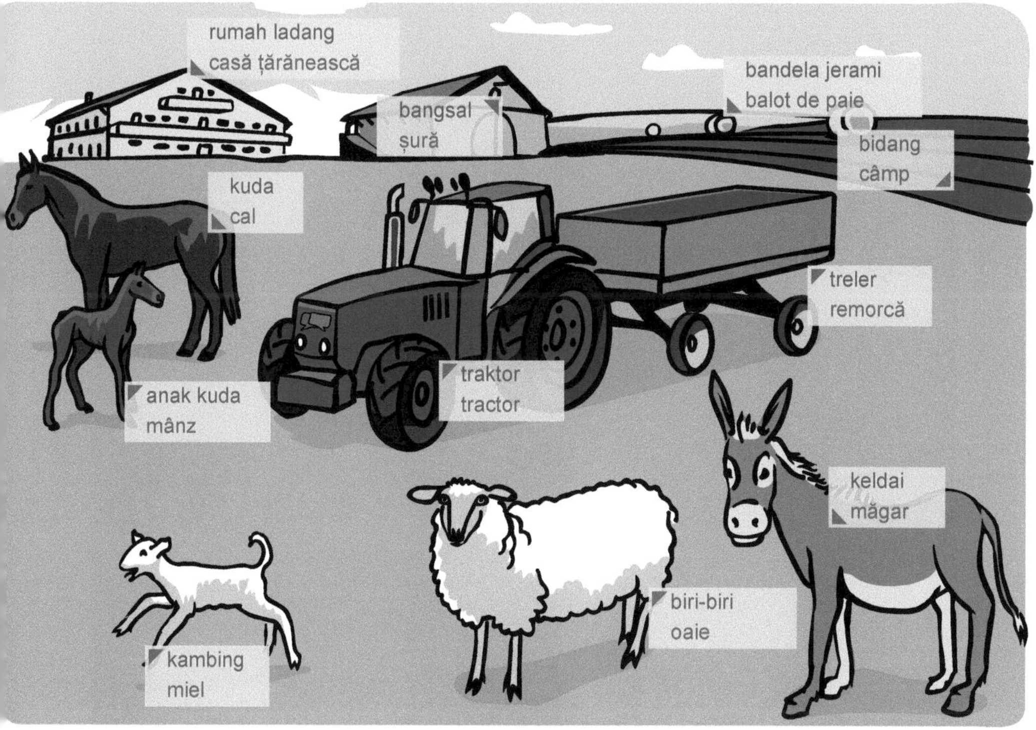
rumah ladang
casă țărănească
bangsal
șură
bandela jerami
balot de paie
bidang
câmp
kuda
cal
treler
remorcă
traktor
tractor
anak kuda
mânz
keldai
măgar
biri-biri
oaie
kambing
miel

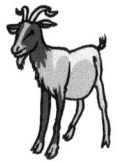

kambing
capră

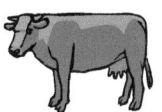

lembu
vacă

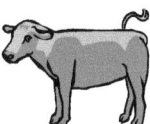

anak lembu
vițel

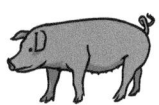

babi
porc

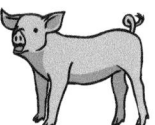

anak babi
purcel

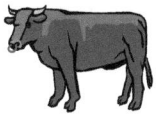

lembu
taur

angsa
găină

itik
rață

anak ayam
pui

ayam betina
găină

ayam jantan muda
cocoș

tikus
șobolan

kucing
pisică

tikus
șoarece

lembu jantan
bou

anjing
câine

rumah anjing
cușcă

hos taman
furtun de grădină

bekas siraman
stropitoare

sabit
coasă

bajak
plug

ladang - gospodărie țărănească

sabit

seceră

cangkul

sapă

serampang peladang

furcă

kapak

secure

kereta sorong

roabă

palung

troacă

tin susu

cană pentru lapte

karung

sac

pagar

gard

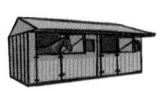

stabil

grajd

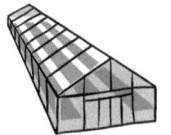

rumah hijau

seră

tanah

sol

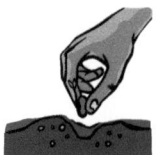

benih

sămânță

baja

fertilizator

jentuai

combină de treierat

tuai

a culege

menuai

recoltă

keladi

cartof yam

gandum

grâu

soya

soia

kentang

cartof

jagung

porumb

biji sawi

rapiță

pokok buah-buahan

pom fructifer

ubi kayu

manioc

bijirin

cereale

# rumah
# casă

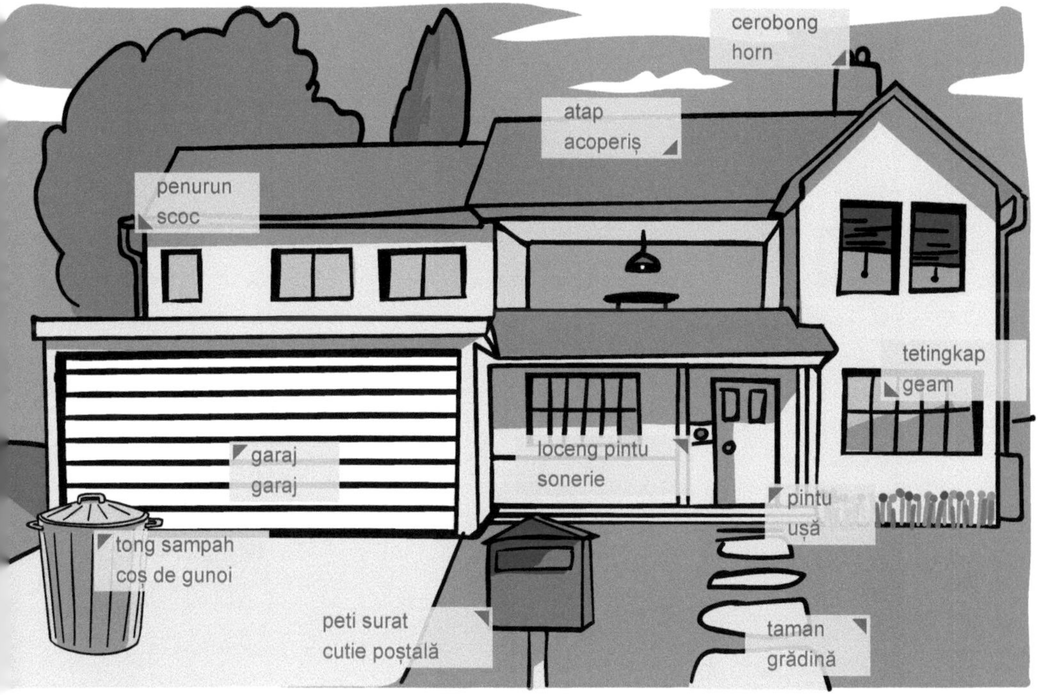
cerobong
horn
atap
acoperiș
penurun
scoc
tetingkap
geam
garaj
garaj
loceng pintu
sonerie
pintu
ușă
tong sampah
coș de gunoi
peti surat
cutie poștală
taman
grădină

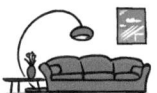

ruang tamu

camеră de zi

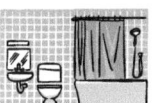

bilik air

baie

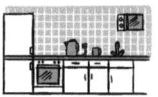

dapur

bucătărie

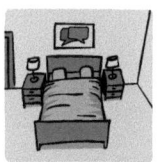

bilik tidur

dormitor

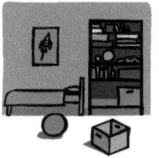

bilik kanak-kanak

camera copiilor

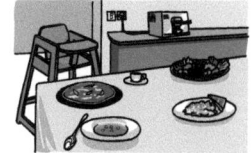

ruang makan

sufragerie

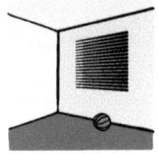

lantai

podea

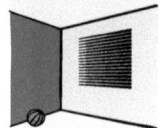

dinding

perete

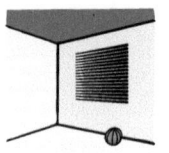

siling

tavan

bilik bawah tanah

pivniță

sauna

saună

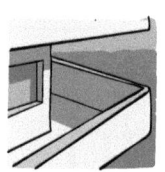

balkoni

balcon

teres

terasă

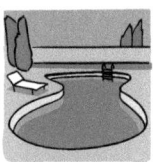

kolam renang

piscină

pemotong rumput

mașină de tuns iarba

lembaran

cearșaf

penutup tilam

cuvertură

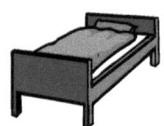

katil

pat

penyapu

mătură

timba

găleată

suis

întrerupător

# ruang tamu
# cameră de zi

kertas dinding
tapet
gambar
pictură
lampu
lampă
rak
raft
kabinet
dulap
televisyen
televizor
pendiangan
șemineu
bunga
floare
kusyen
pernă
sofa
sofa
pasu
vază
alat kawalan jauh
telecomandă


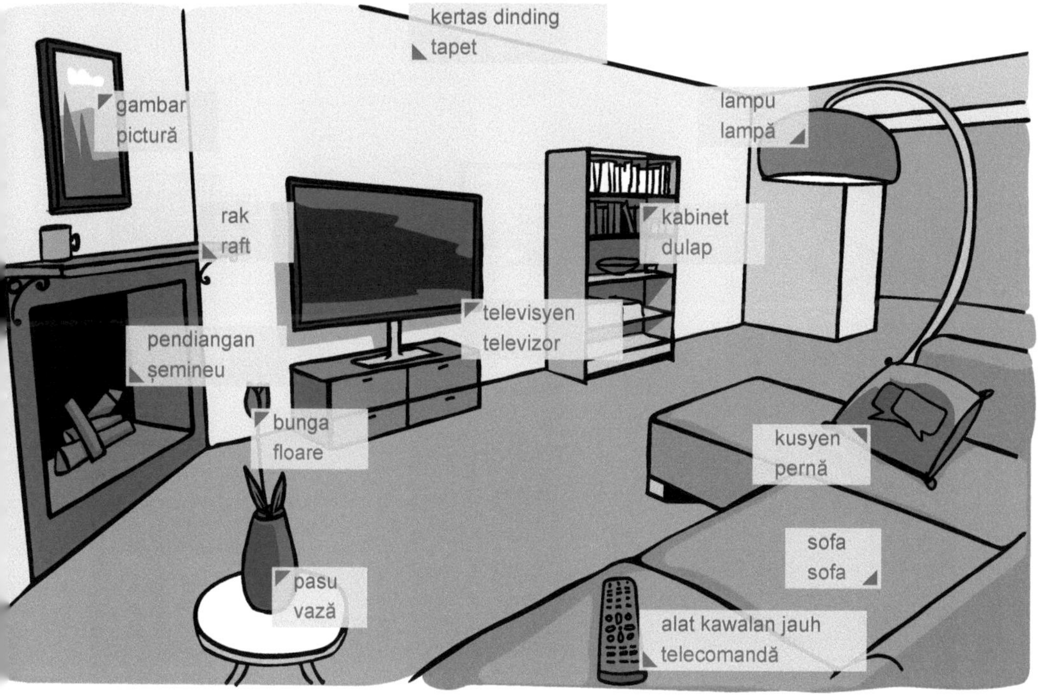

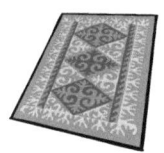

permaidani
covor

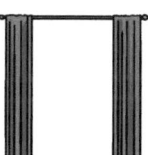

tirai
perdea

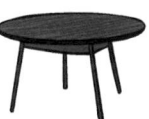

meja
masă

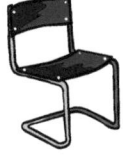

kerusi
scaun

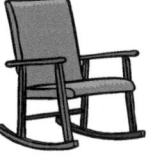

kerusi malas
balansoar

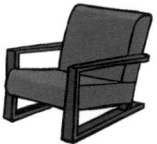

kerusi
fotoliu

buku

carte

selimut

pătură

hiasan

decoraţiune

kayu api

lemn de foc

filem

film

hi-fi

instalaţie stereo

kunci

cheie

akhbar

ziar

lukisan

desen

poster

poster

radio

radio

buku catatan

caiet de notiţe

penyedut habuk

aspirator

kaktus

cactus

lilin

lumânare

# dapur
# bucătărie

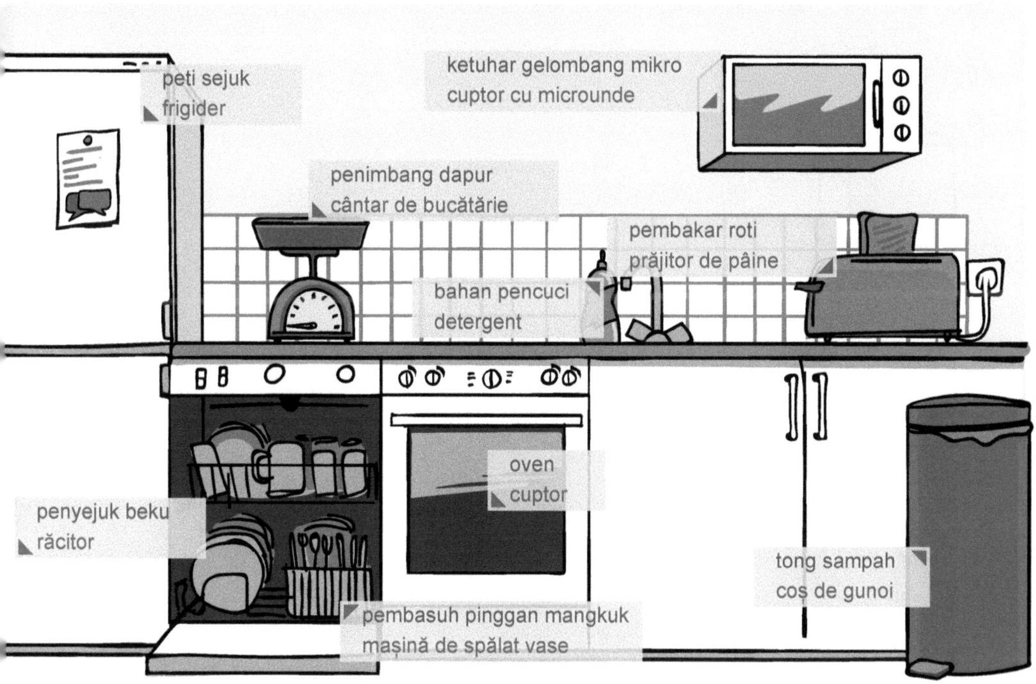

peti sejuk
frigider
ketuhar gelombang mikro
cuptor cu microunde
penimbang dapur
cântar de bucătărie
pembakar roti
prăjitor de pâine
bahan pencuci
detergent
oven
cuptor
penyejuk beku
răcitor
tong sampah
coș de gunoi
pembasuh pinggan mangkuk
mașină de spălat vase


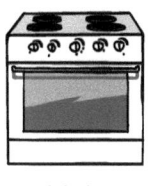

periuk dapur
..................
cuptor

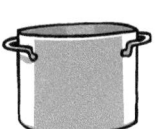

periuk
..................
oală

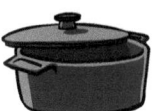

periuk besi
..................
oală de metal

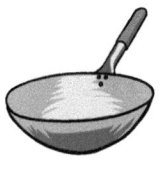

kuali
..................
wok/kadai

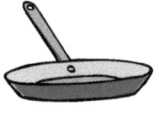

pan
..................
tigaie

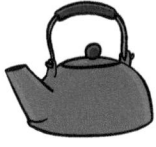

cerek
..................
ceainic

pengukus

oală de gătit cu aburi

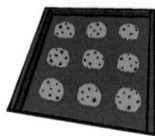

dulang pembakar

tavă de copt

pinggan mangkuk

veselă

koleh

pahar

mangkuk

bol

penyepit

bețișoare

senduk

polonic

spatula

spatulă

pengadun

tel

penapis

sită

ayak

sită

pemarut

răzătoare

mortar

mojar

barbeku

grătar

pembakaran terbuka

loc pentru grătar

papan pencincang

tocător

pin golekan

sucitor

skru gabus

tirbușon

tin

conservă

pembuka tin

deschizător de conserve

pemegang periuk

șervete termice

sinki

chiuvetă

berus

perie

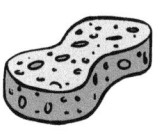

span

burete

pengisar

mixer

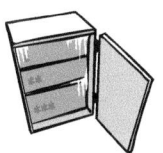

penyejuk beku

ladă frigorifică

botol bayi

biberon

paip

robinet

dapur - bucătărie

# bilik air

# baie

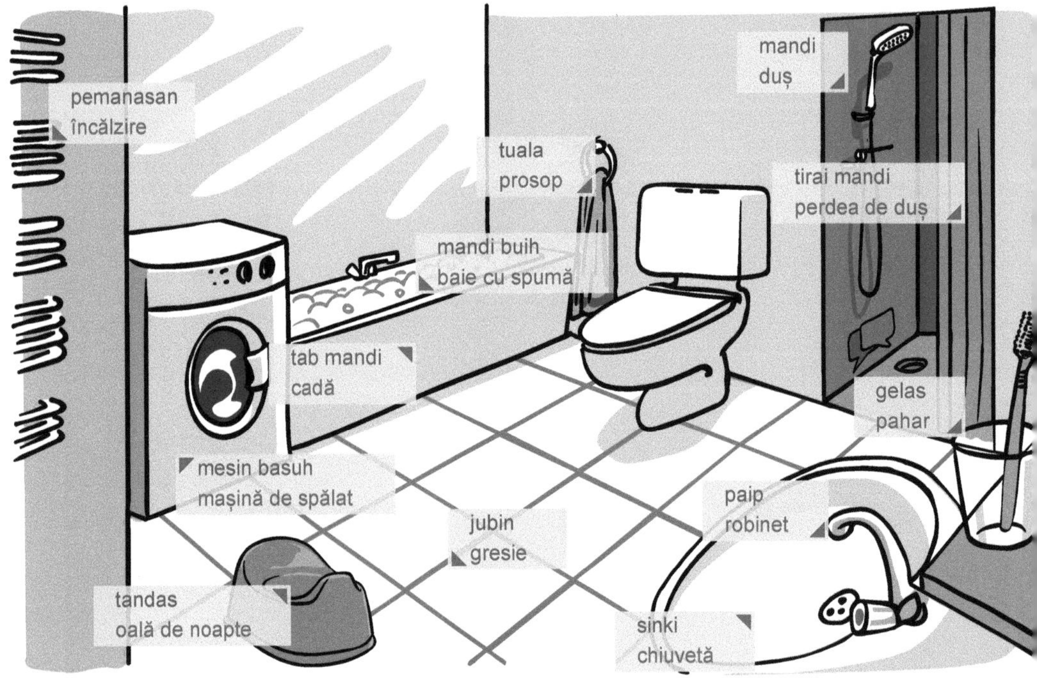

pemanasan
încălzire
tuala
prosop
mandi
duș
tirai mandi
perdea de duș
mandi buih
baie cu spumă
tab mandi
cadă
gelas
pahar
mesin basuh
mașină de spălat
paip
robinet
jubin
gresie
tandas
oală de noapte
sinki
chiuvetă


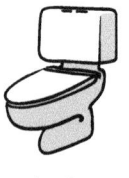

tandas

toaletă

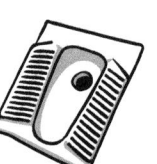

tandas mencangkung

toaletă turcescă

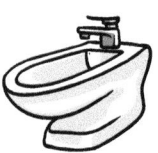

mangkuk tandas

bideu

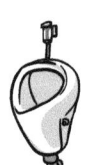

tandas awam

pisoir

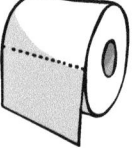

kertas tandas

hârtie igienică

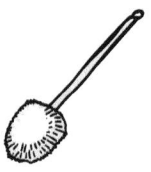

berus tandas

perie de toaletă

berus gigi

periuță de dinți

ubat gigi

pastă de dinți

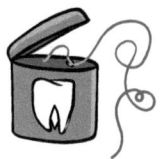

flos gigi

ață dentară

cuci

a spăla

mandian tangan

cap de duș

pancuran

duș intim

besen

lavoar

belakang berus

perie pentru spate

sabun

săpun

gel mandian

gel de duș

syampu

șampon

flanel

cârpă de spălat

longkang

scurgere

krim

cremă

deodoran

deodorant

cermin

oglindă

cermin tangan

oglindă cosmetică

pisau cukur

aparat de ras

busa cukur

spumă de ras

selepas cukur

aftershave

sikat

pieptene

berus

perie

pengering rambut

uscător de păr

semburan rambut

fixator

mekap

machiaj

gincu

ruj

varnis kuku

lac de unghii

bulu kapas

vată

gunting kuku

foarfece de unghii

pewangi

parfum

beg basuhan

neseser

bangku

taburet

skala berat

cântar

jubah mandi

halat de baie

sarung tangan getah

mănuşi de cauciuc

kapas

tampon

tuala wanita

tampon

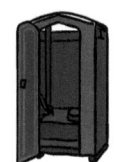

tandas kimia

toaletă chimică

# bilik kanak-kanak
# camera copiilor

jam loceng
ceas deșteptător
mainan kegemaran
jucărie de pluș
kereta mainan
mașină de jucărie
kerincing bayi
morișcă
rumah anak patung
casă de păpuși
hadiah
cadou


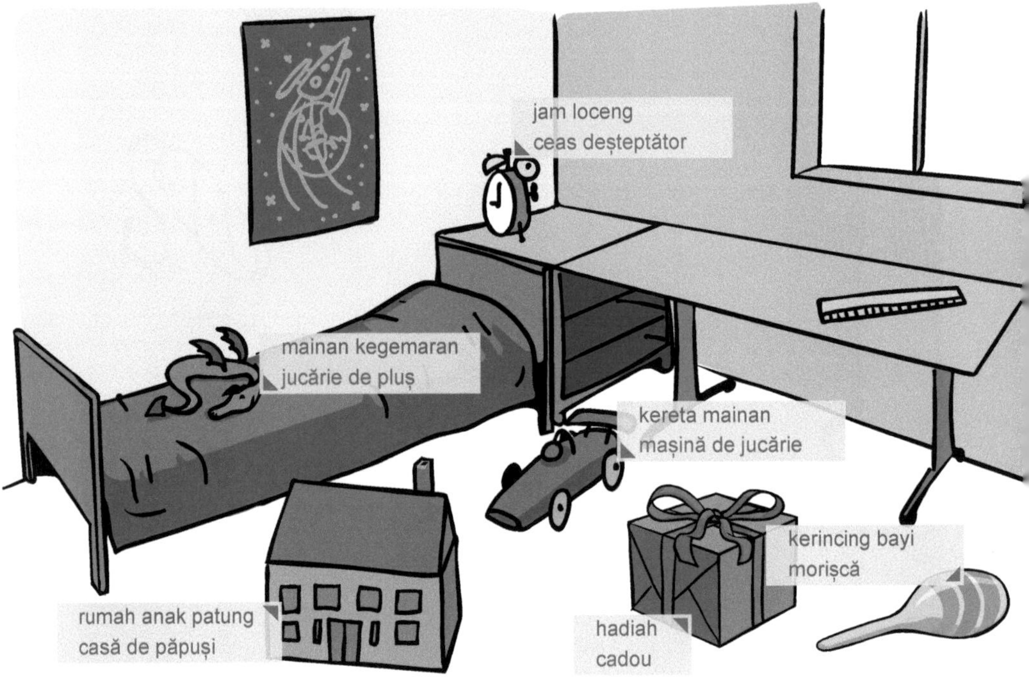

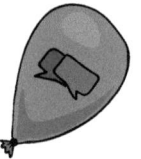

belon
balon

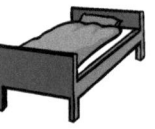

katil
pat

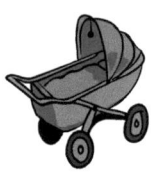

kereta sorong bayi
cărucior de copii

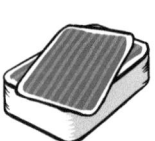

set kad
joc de cărți

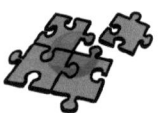

susun suai gambar
puzzle

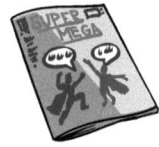

komik
revistă de benzi desenate

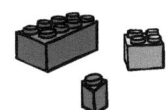

batu bata lego

cuburi lego

blok mainan

piese pentru construcții

figura aksi

personaj din filmele de acțiune

baju bayi

body

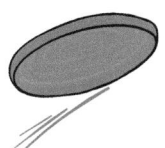

frisbee

frisbee

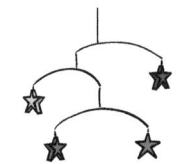

mainan bayi mudah alih

mobil

permainan papan

joc de societate

dadu

zar

set model kereta api

set trenuleț de jucărie

palsu

suzetă

parti

petrecere

buku bergambar

carte cu poze

bola

minge

anak patung

păpușă

main

a se juca

lubang pasir

groapă de nisip

buai

leagăn

mainan

jucării

konsol permainan video

consolă video

basikal roda tiga

tricicletă

anak patung beruang

ursuleț

almari pakaian

dulap

## pakaian

## îmbrăcăminte

stoking

șosete

stoking

ciorapi

ketat

dres

skarf
şal

payung
umbrelă

kemeja-t
tricou

g/keselamatan

but
cizme

selipar
papuci

kasut sukan
pantofi sport

sandal
sandale

kasut
încălţăminte

but getah
cizme de cauciuc

seluar dalam
chilot

coli
sutien

ves
maiou

pakaian - îmbrăcăminte

45

badan

body

Seluar panjang

pantaloni

jean

blugi

skirt

fustă

blaus

bluză

kemeja

cămașă

baju panas sarung

pulover

sweater

jerseu

blazer

sacou

jaket

jachetă

kot

palton

baju hujan

pelerină de ploaie

kostum

costum

pakaian

rochie

baju pengantin

rochie de mireasă

sut

costum

baju tidur

cămașă de noapte

baju tidur

pijama

sari

sari

skarf kepala

batic

serban

turban

burqa

burka

kaftan

caftan

abaya/jubah

abaya

baju renang

costum de baie

seluar renang

șort

seluar pendek

pantaloni scurți

sut balapan

trening

apron

șorț

sarung tangan

mănuși

butang

nasture

cermin mata

ochelari

gelang tangan

brățară

rantai leher

lanț

cincin

inel

subang

cercel

topi

căciulă

penyangkut kot

umeraș

topi

pălărie

tali leher

cravată

zip

fermoar

topi keledar

cască

pendakap

bretele

uniform sekolah

uniformă școlară

seragam

uniformă

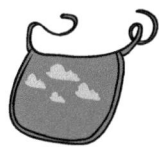

lapik dada

bavețică

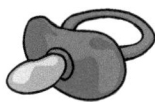

palsu

suzetă

lampin

scutec

# pejabat

## birou

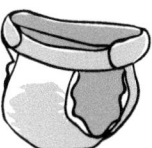

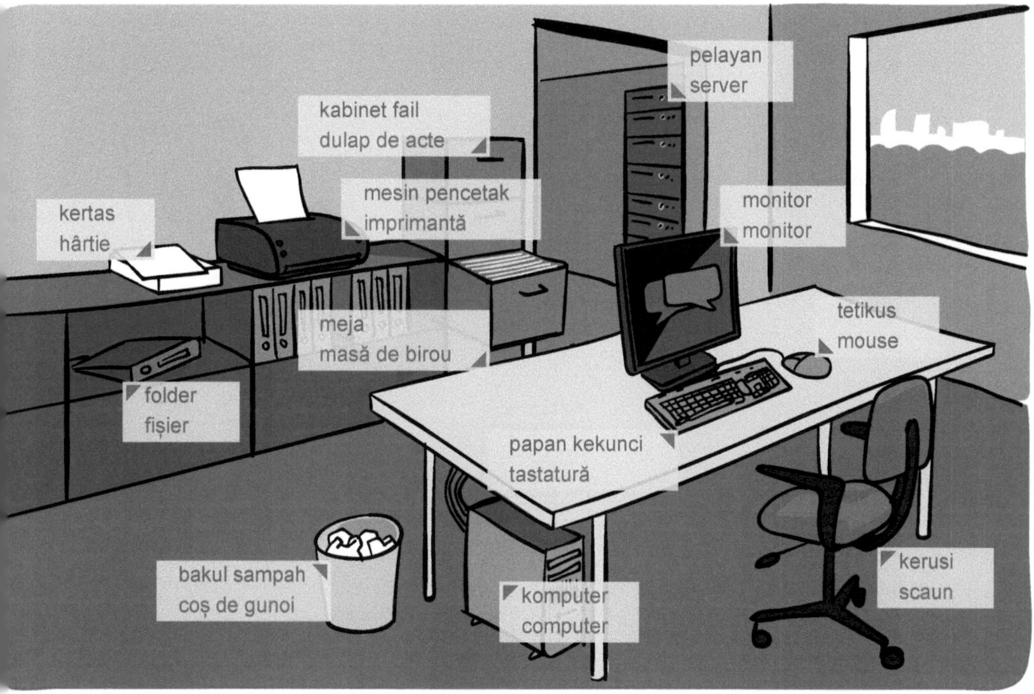
pelayan
server
kabinet fail
dulap de acte
mesin pencetak
imprimantă
kertas
hârtie
monitor
monitor
tetikus
mouse
meja
masă de birou
folder
fișier
papan kekunci
tastatură
bakul sampah
coș de gunoi
komputer
computer
kerusi
scaun

cawan kopi

ceașcă de cafea

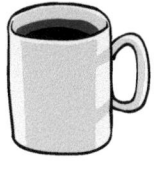

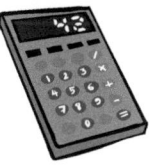

kalkulator

calculator

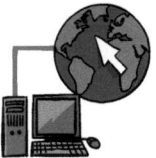

internet

internet

komputer riba

laptop

surat

scrisoare

mesej

mesaj

mudah alih

telefon mobil

rangkaian

reţea

mesin fotokopi

copiator

perisian

software

telefon

telefon

soket plag

priză

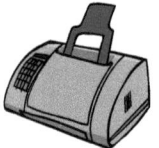

mesin faks

fax

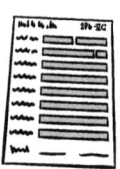

bentuk

formular

dokumen

document

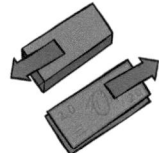

beli

a cumpăra

bayar

a plăti

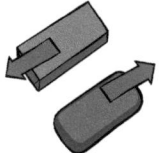

berdagang

a face comerţ

wang

bani

dolar

Dolar

euro

Euro

yen

Yen

rubel

Rublă

franc swiss

Franc Elveţian

renminbi yuan

renminbi yuan

rupee

Rupie

mata tunai

bancomat

pejabat tukaran mata wang

casă de schimb valutar

emas

aur

perak

argint

minyak

petrol

tenaga

energie

harga

preț

kontrak

contract

cukai

impozit

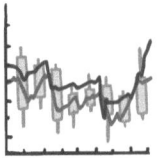

stok

acțiune

kerja

a munci

pekerja

angajat

majikan

angajator

kilang

fabrică

kedai

magazin

ekonomi - economie

# pekerjaan
# ocupații

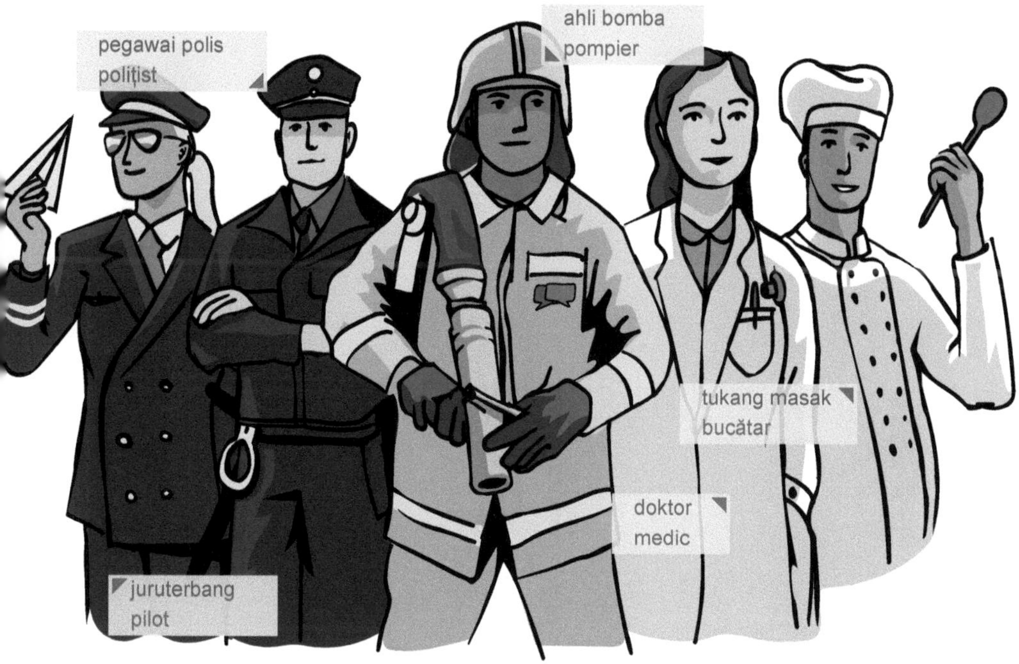

pegawai polis
polițist
ahli bomba
pompier
tukang masak
bucătar
doktor
medic
juruterbang
pilot


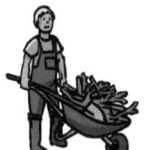

tukang kebun
..................
grădinar

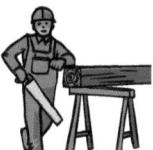

tukang kayu
..................
tâmplar

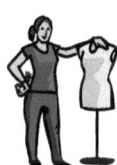

tukang jahit
..................
cusătoreasă

hakim
..................
judecător

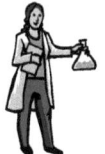

ahli kimia
..................
chimist

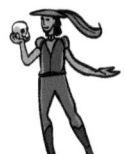

pelakon
..................
actor

pemandu bas

șofer de autobuz

pemandu teksi

șofer de taxi

nelayan

pescar

wanita pencuci

femeie de serviciu

kasau

tinichigiu

pelayan

chelnăr

pemburu

vânător

pelukis

pictor

bakeri

brutar

juruelektrik

electrician

pembangun

muncitor în construcții

jurutera

inginer

penjual daging

măcelar

tukang paip

instalator

posmen

poștaș

askar

soldat

arkitek

arhitect

juruwang

casier

kedai bunga

florar

pendandan rambut

frizer

konduktor

controlor

mekanik

mecanic

kapten

căpitan

doktor gigi

stomatolog

ahli sains

om de știință

tuhanku

rabin

imam

imam

sami

călugăr

paderi

preot

# alat
# instrumente

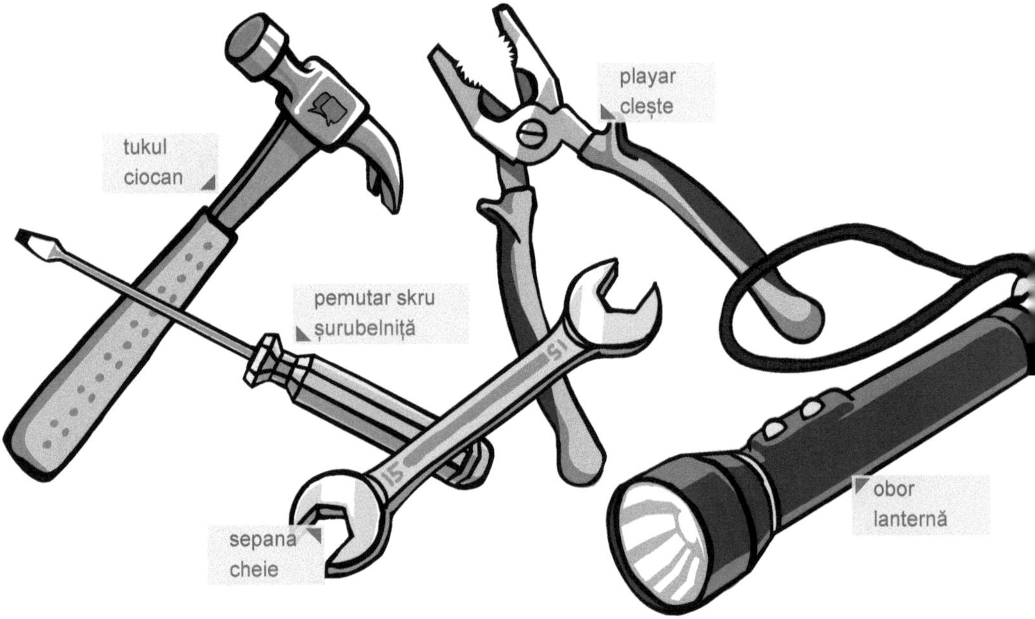

tukul
ciocan
playar
clește
pemutar skru
șurubelniță
sepana
cheie
obor
lanternă


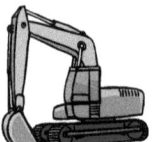

pengorek

excavator

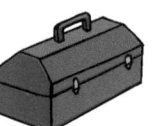

kotak peralatan

cutie de scule

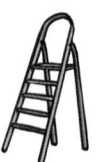

tangga

scară

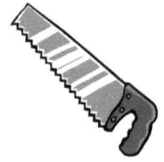

gergaji

ferăstrău

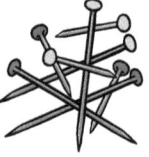

kuku

cuie

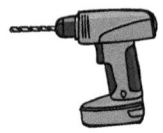

gerudi

burghiu

baiki

a repara

penyodok

lopată

Celaka!

La naiba!

penadah sampah

făraș

periuk cat

vas pentru vopsea

skru

șuruburi

## alat muzik

## instrumente muzicale

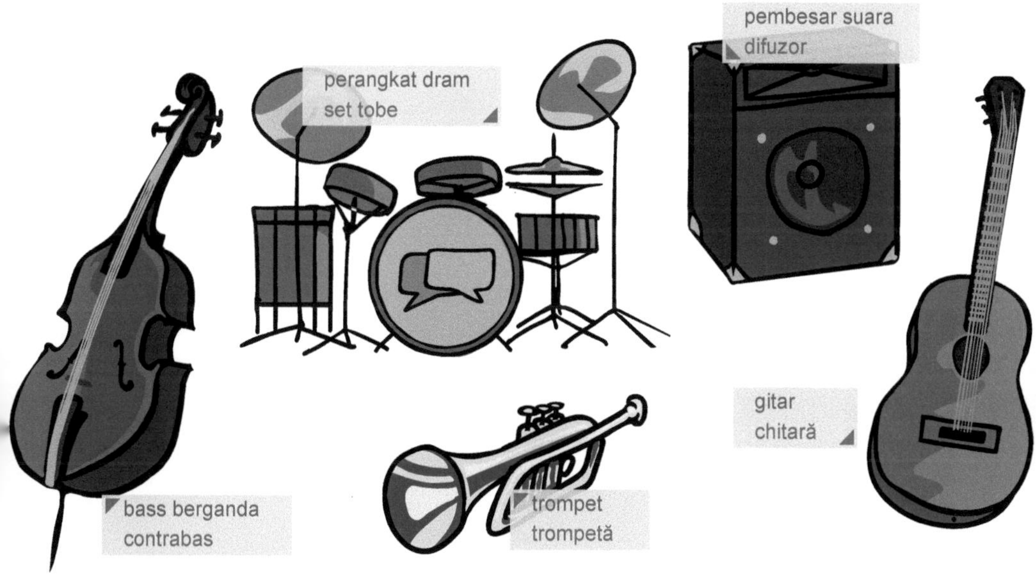

pembesar suara
difuzor

perangkat dram
set tobe

gitar
chitară

bass berganda
contrabas

trompet
trompetă

piano
pian

biola
vioară

bass
bas

timpani
trombon

dram
tobă

papan kekunci
keyboard

saksofon
saxofon

seruling
fluier

mikrofon
microfon

alat muzik - instrumente muzicale

# zoo

# grădină zoologică

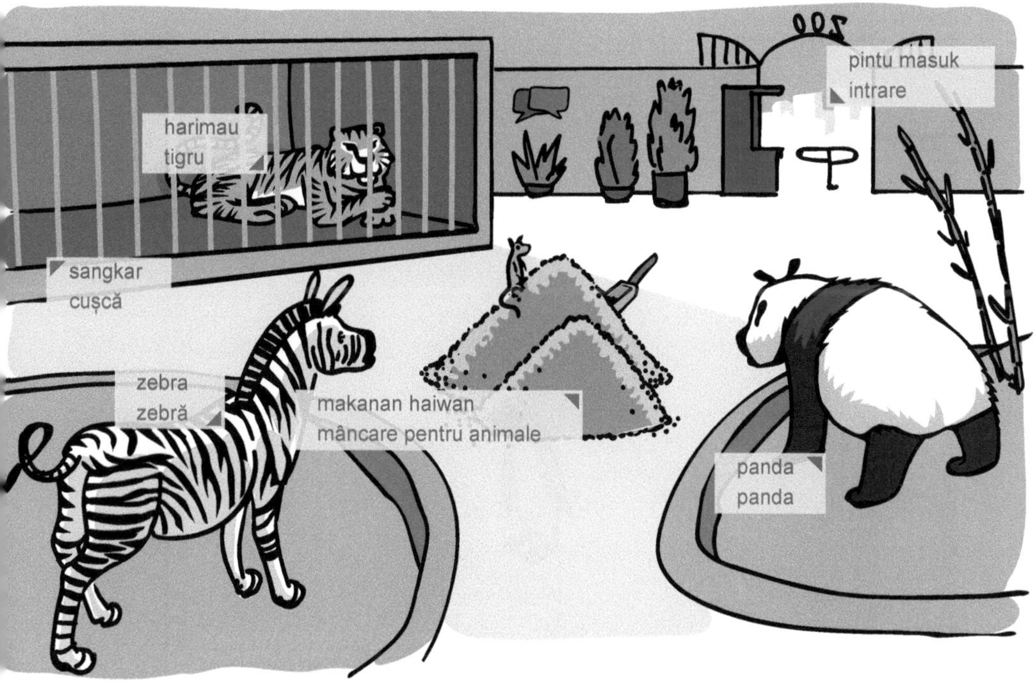

pintu masuk
intrare
harimau
tigru
sangkar
cușcă
zebra
zebră
makanan haiwan
mâncare pentru animale
panda
panda


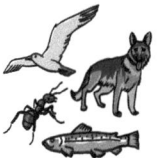

haiwan
animale

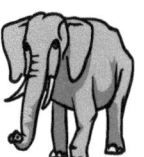

gajah
elefant

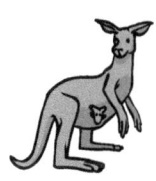

kanggaru
cangur

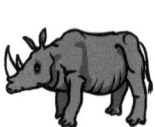

badak sumbu
rinocer

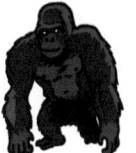

gorila
gorilă

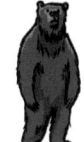

beruang
urs

unta

cămilă

burung unta

struț

singa

leu

monyet

maimuță

flamingo

flamingo

nuri

papagal

beruang kutub

urs polar

penguin

pinguin

yu

rechin

merak

păun

ular

șarpe

buaya

crocodil

penjaga zoo

îngrijitor grădina zoologică

anjing laut

focă

jaguar

jaguar

zoo - grădină zoologică

kuda

ponei

harimau

leopard

badak air

hipopotam

zirafah

girafă

helang

acvilă

babi jantan

porc mistreţ

ikan

peşte

penyu

broască ţestoasă

anjing laut

morsă

musang

vulpe

rusa

gazelă

bola sepak Amerika
fotbal american

berbasikal
ciclism

tenis
tenis

bola keranjang
basketball

renang
înot

hoki ais
hockey pe gheață

tinju
box

bola sepak
fotbal

badminton
badminton

olahraga
atletism

bola baling
handbal

ski
schi

polo
polo

ketawa
a râde

lompat
a sări

peluk
a îmbrăţişa

berjalan
a merge

menyanyi
a cânta

mimpi
a visa

berdoa
a se ruga

cium
a săruta

tulis
a scrie

lukis
a desena

tunjuk
a arăta

tolak
a împinge

beri
a da

ambil
a lua

ada
a avea

buat
a face

ialah
a fi

berdiri
a sta în picioare

lari
a fugi

tarik
a trage

buang
a arunca

jatuh
a cădea

tipu
a sta întins

tunggu
a aștepta

bawa
a purta

duduk
a ședea

pakai
a se îmbrăca

tidur
a dormi

bangkit
a se trezi

aktiviti - activități

| | | |
|---|---|---|
|  |  |  |
| lihat pada | menangis | strok |
| a privi | a plânge | a mângâia |
|  |  |  |
| sikat | cakap | faham |
| a se pieptăna | a vorbi | a înțelege |
|  |  |  |
| tanya | dengar | minum |
| a întreba | a asculta | a bea |
|  |  |  |
| makan | mengemas | sayang |
| a mânca | a face ordine | a iubi |
|  |  |  |
| masak | pandu | terbang |
| a găti | a conduce | a zbura |

belayar

a naviga

kira

a calcula

baca

a citi

belajar

a învăța

kerja

a munci

nikah

a se căsători

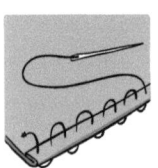

jahit

a coase

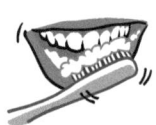

memberus gigi

a se spăla pe dinți

bunuh

a ucide

asap

a fuma

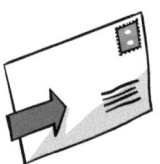

hantar

a trimite

# keluarga
# familie

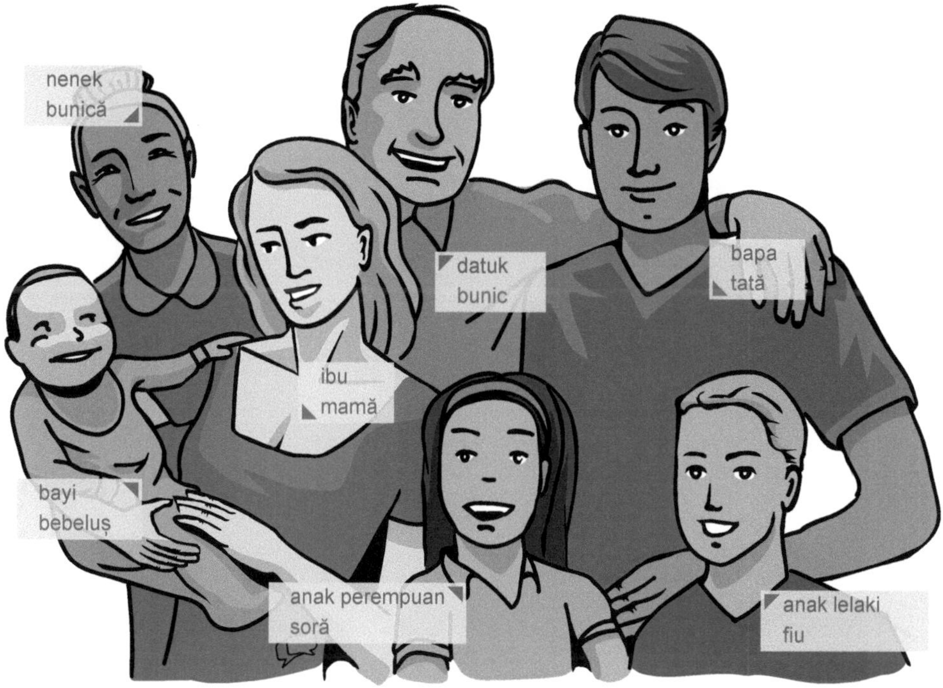

nenek
bunică
datuk
bunic
bapa
tată
ibu
mamă
bayi
bebeluș
anak perempuan
soră
anak lelaki
fiu


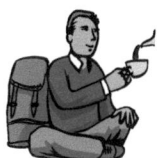

tetamu
oaspete

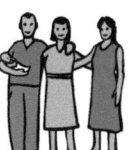

mak cik
mătușă

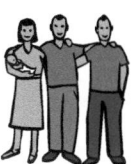

pak cik
unchi

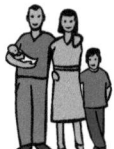

abang
frate

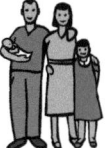

kakak
soră

# badan

## corp

dahi
frunte
mata
ochi
muka
față
dagu
bărbie
dada
piept
jari
deget
tangan
mână
lengan
braț
bahu
umăr
kaki
picior

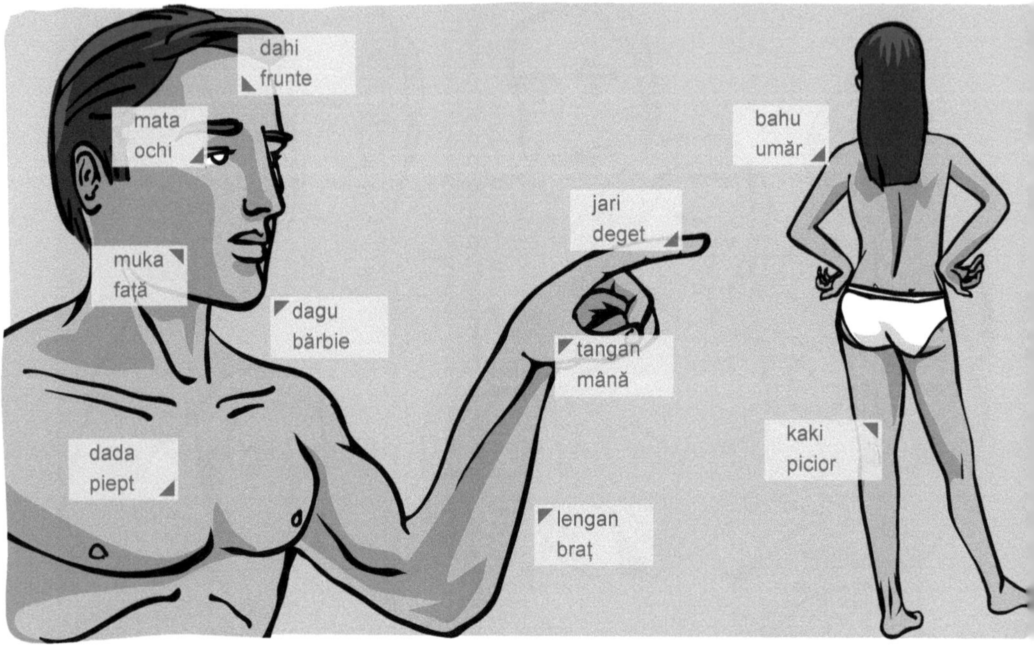

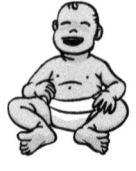

bayi

bebeluș

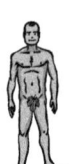

lelaki

bărbat

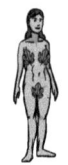

wanita

femeie

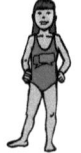

perempuan

fată

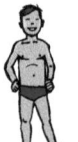

lelaki

băiat

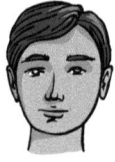

kepala

cap

belakang

spate

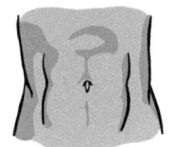

bawah perut

abdomen

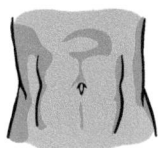

pusat

ombilic

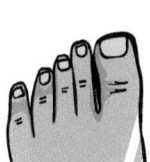

jari kaki

deget de la picior

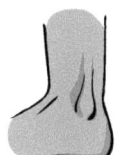

tumit

călcâi

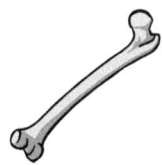

tulang

os

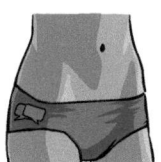

pinggul

șold

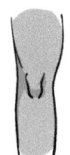

lutut

genunchi

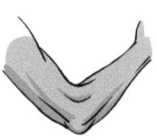

siku

cot

hidung

nas

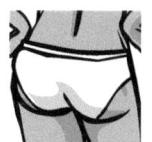

bawah

fund

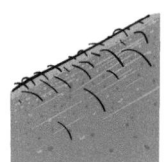

kulit

piele

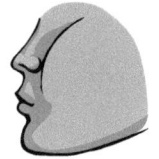

pipi

obraz

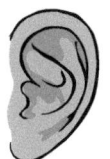

telinga

ureche

bibir

buză

mulut

gură

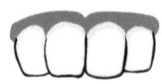

gigi

dinte

lidah

limbă

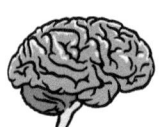

otak

creier

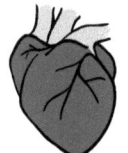

hati

inimă

otot

mușchi

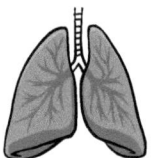

paru-paru

plămân

hati

ficat

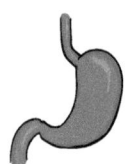

perut

stomac

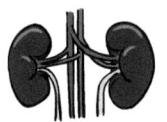

buah pinggang

rinichi

seks

sex

kondom

prezervativ

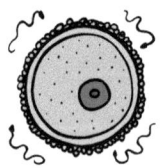

faraj

ovul

mani

spermă

mengandung

sarcină

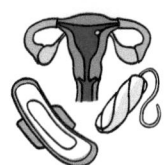

haid

menstruație

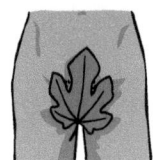

faraj

vagin

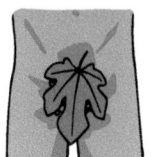

penis

penis

kening

sprânceană

rambut

păr

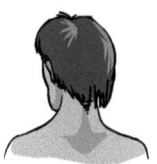

leher

gât

# hospital

# spital

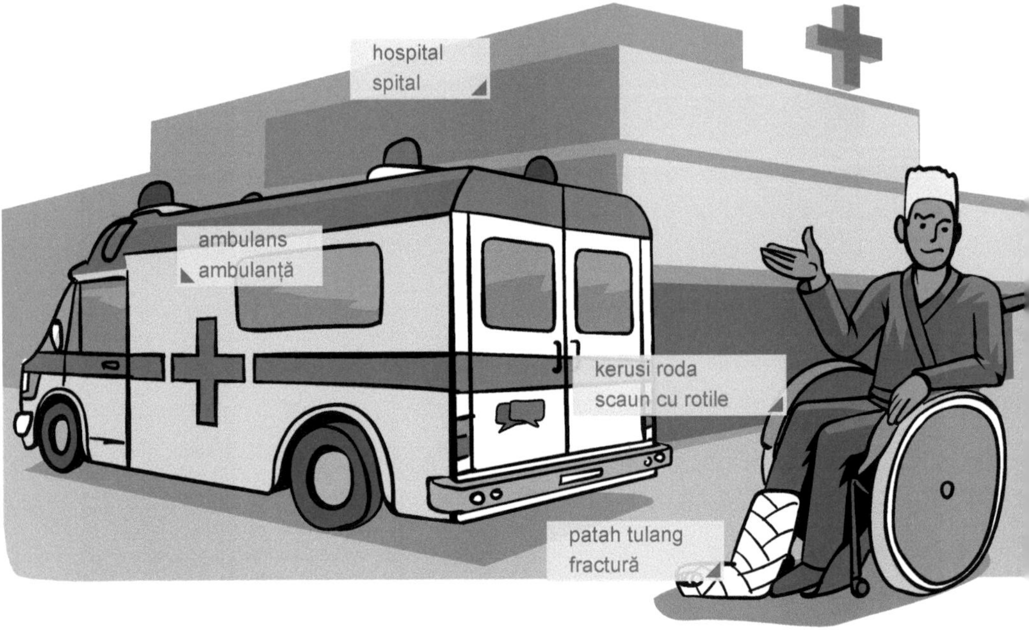

hospital
spital
ambulans
ambulanță
kerusi roda
scaun cu rotile
patah tulang
fractură

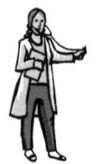

doktor

medic

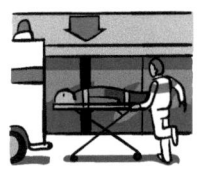

bilik kecemasan

unitate de primiri urgențe

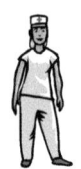

jururawat

soră medicală

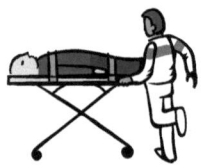

kecemasan

urgență

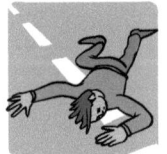

tak sedar

inconștient

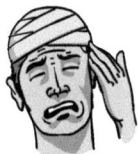

sakit

durere

kecederaan

leziune

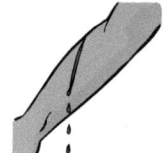

pendarahan

sângerare

serangan jantung

infarct miocardic

strok

atac cerebral

alergi

alergie

batuk

tuse

demam

febră

selesema

gripă

cirit-birit

diaree

sakit kepala

durere de cap

kanser

cancer

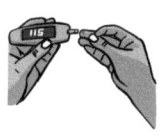

diabetes

diabet

pakar bedah

chirurg

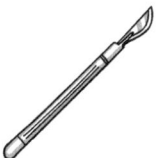

pisau bedah

scalpel

pembedahan

operaţie

CT
CT

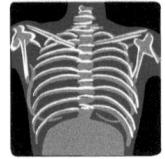

x-ray
raze Röntgen

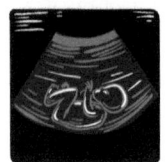

ultrabunyi
ultrasunet

topeng muka
mască

penyakit
boală

bilik menunggu
sală de așteptare

penongkat
cârjă

plaster
plasture

pembalut
bandaj

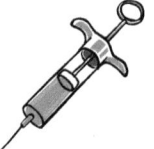

suntikan
injecție

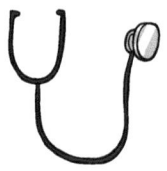

stetoskop
stetoscop

pengusung
targă

termometer klinik
termometru

kelahiran
naștere

berat badan berlebihan
supraponderabilitate

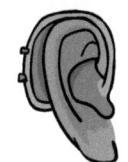

alat pendengaran

aparat auditiv

disinfektan

dezinfectant

jangkitan

infecţie

virus

virus

HIV / AIDS

HIV/SIDA

perubatan

medicină

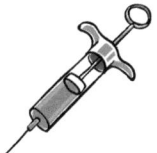

vaksinasi

vaccin

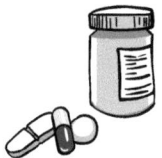

tablet

tablete

pil

pastilă

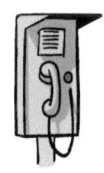

panggilan kecemasan

apel de urgenţă

pantau tekanan darah

aparat de măsurare a
presiunii arteriale

sakit / sihat

bolnav/sănătos

Tolong!

Ajutor!

penggera

alarmă

serang

agresiune

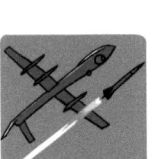

serangan

atac

bahaya

pericol

pintu kecemasan

ieşire de urgenţă

Api!

Foc!

alat pemadam api

extinctor

kemalangan

accident

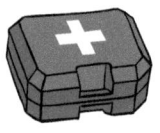

alat pertolongan cemas

trusă de prim-ajutor

SOS

SOS

polis

poliţie

Eropah

Europa

Amerika Utara

America de Nord

Amerika Selatan

America de Sud

Afrika

Africa

Asia

Asia

Australia

Australia

Atlantic

Altantic

Pasifik

Pacific

Lautan Hindi

Oceanul Indian

Lautan Antartik

Oceanul Antarctic

Lautan Artik

Oceanul Arctic

Kutub utara

Polul Nord

Kutub Selatan

Polul Sud

Antartika

Antarctica

bumi

pământ

tanah

țară

laut

mare

pulau

insulă

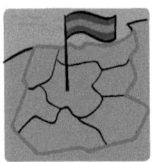

negara

națiune

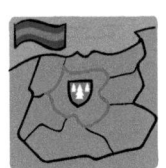

negeri

stat

muka jam

cadran

tangan jam

orar

tangan minit

minutar

terpakai

secundar

Jam berapa sekarang

Cât e ceasul?

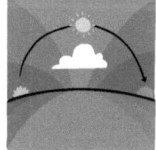

hari

zi

masa

timp

sekarang

acum

jam digital

cead digital

minit

minut

jam

oră

# minggu
## săptămână

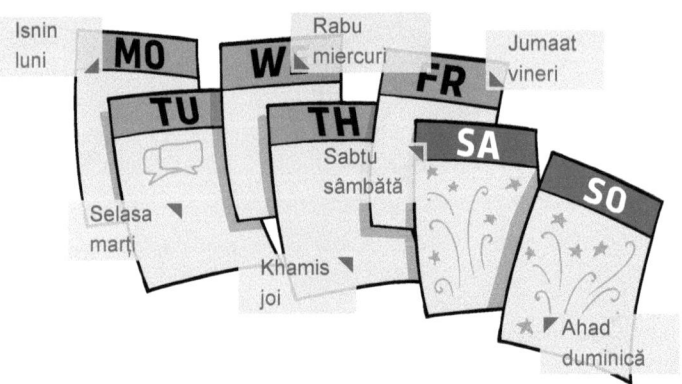

Isnin / luni
Rabu miercuri
Jumaat vineri
TU
Selasa marți
Sabtu sâmbătă
Khamis joi
Ahad duminică

semalam

ieri

hari ini

azi

esok

mâine

pagi

dimineață

tengah hari

amiază

petang

seară

| MO | TU | WE | TH | FR | SA | SU |
|----|----|----|----|----|----|----|
| 1 | 2 | 3 | 4 | 5 | 6 | 7 |
| 8 | 9 | 10 | 11 | 12 | 13 | 14 |
| 15 | 16 | 17 | 18 | 19 | 20 | 21 |
| 22 | 23 | 24 | 25 | 26 | 27 | 28 |
| 29 | 30 | 31 | 1 | 2 | 3 | 4 |

hari kerja

zile lucrătoare

| MO | TU | WE | TH | FR | SA | SU |
|----|----|----|----|----|----|----|
| 1 | 2 | 3 | 4 | 5 | 6 | 7 |
| 8 | 9 | 10 | 11 | 12 | 13 | 14 |
| 15 | 16 | 17 | 18 | 19 | 20 | 21 |
| 22 | 23 | 24 | 25 | 26 | 27 | 28 |
| 29 | 30 | 31 | 1 | 2 | 3 | 4 |

hari minggu

week-end

# tahun
# an

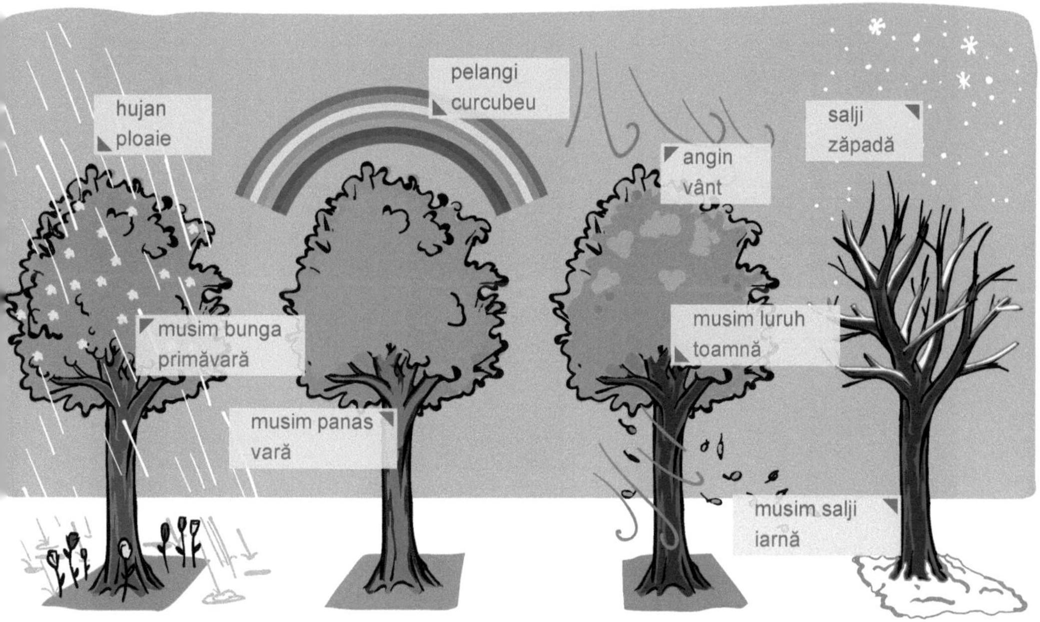
hujan
ploaie
pelangi
curcubeu
angin
vânt
salji
zăpadă
musim bunga
primăvară
musim panas
vară
musim luruh
toamnă
musim salji
iarnă

4.APRIL 11°
5.APRIL 4°
6.APRIL 13°
7.APRIL 8°
8.APRIL 10°

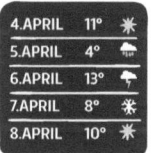

ramalan cuaca

prognoză meteo

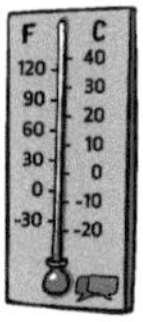
F
C
120
90
60
30
0
-30
40
30
20
10
0
-10
-20

termometer

termometru

sinar matahari

lumina soarelui

awan

nor

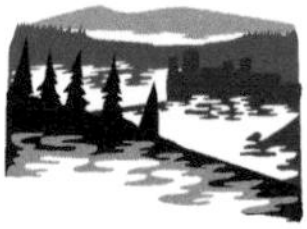

kabus

ceață

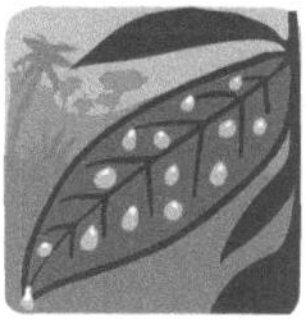

lembapan

umiditate a aerului

kilat

fulger

petir

tunet

ribut

furtună

hujan batu

grindină

monsun

muson

banjir

inundaţie

ais

gheaţă

Januari

ianuarie

Februari

februarie

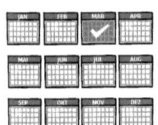

Mac

martie

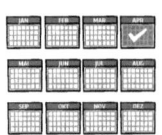

April

aprilie

Mei

mai

Jun

iunie

Julai

iulie

Ogos

august

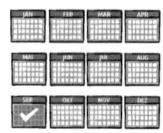

September
...................
septembrie

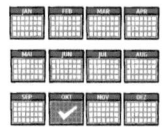

Oktober
...................
octombrie

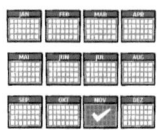

November
...................
noiembrie

Disember
...................
decembrie

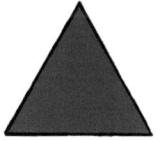

bulatan
...................
cerc

petak
...................
pătrat

segi empat tepat
...................
dreptunghi

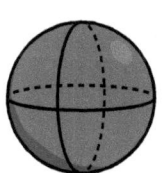

segitiga
...................
triunghi

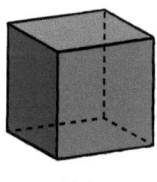

sfera
...................
sferă

kiub
...................
cub

putih
........
alb

kuning
........
galben

oren
........
portocaliu

merah jambu
........
roz

merah
........
roșu

ungu
........
violet

biru
........
albastru

hijau
........
verde

coklat
........
maro

kelabu
........
gri

hitam
........
negru

banyak / sedikit

mult/puțin

marah / tenang

furios/calm

cantik / hodoh

frumos/urât

bermula / tamat

început/sfârșit

besar kecil

mare/mic

terang / gelap

luminos/întunecat

abang / kakak

frate/soră

bersih / kotor

curat/murdar

lengkap / tidak lengkap

complet/incomplet

hari / malam

zi/noapte

mati / hidup

mort/viu

luas / sempit

lat/strâmt

boleh dimakan / tidak boleh dimakan

comestibil/necomestibil

jahat / baik

rău/prietenos

teruja / bosan

emoționat/plictisit

gemuk / kurus

gras/slab

pertama / terakhir

primul/ultimul

kawan / musuh

prieten/inamic

penuh / kosong

plin/gol

keras / lembut

tare/moale

berat / ringan

greu/ușor

lapar / dahaga

foame/sete

sakit / sihat

bolnav/sănătos

menyalahi undang-undang / undang-undang

ilegal/legal

pintar / bodoh

inteligent/stupid

kiri / kanan

stânga/dreapta

dekat / jauh

aproape/departe

baru / lama

nou/uzat

tiada / sesuatu

nimic/ceva

tua / muda

bătrân/tânăr

hidup / mati

pornit/oprit

terbuka / tertutup

deschis/închis

diam / bising

încet/tare

kaya / miskin

bogat/sărac

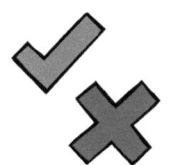

betul / salah

corect/fals

kasar / halus

aspru/neted

sedih / gembira

trist/fericit

pendek / panjang

lung/scurt

lambat / laju

încet/repede

basah / kering

ud/uscat

panas / sejuk

cald/rece

berperang / berdamai

război/pace

**0**

sifar

zero

**1**

satu

unu

**2**

dua

doi

**3**

tiga

trei

**4**

empat

patru

**5**

lima

cinci

**6**

enam

șase

**7**

tujuh

șapte

**8**

lapan

opt

**9**

sembilan

nouă

**10**

sepuluh

zece

**11**

sebelas

unsprezece

## 12

dua belas

douăsprezece

## 13

tiga belas

treisprezece

## 14

empat belas

paisprezece

## 15

lima belas

cincisprezece

## 16

enam belas

șaisprezece

## 17

tujuh belas

șaptesprezece

## 18

lapan belas

optsprezece

## 19

Sembilan belas

nouăsprezece

## 20

dua puluh

douăzeci

## 100

ratus

o sută

## 1.000

ribu

o mie

## 1.000.000

juta

un milion

Bahasa Inggeris

engleză

Bahasa Inggeris Amerika

engleză americană

Bahasa Cina Mandarin

chineza mandarină

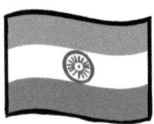

Bahasa Hindi

hindi

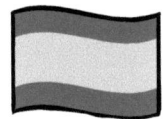

Bahasa Sepanyol

spaniolă

Bahasa Perancis

franceză

Bahasa Arab

arabă

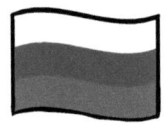

Bahasa Rusia

rusă

Bahasa Portugis

protugheză

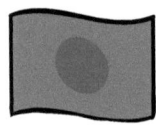

Bahasa Benggali

bengaleză

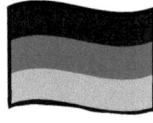

Bahasa Jerman

germană

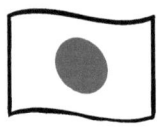

Bahasa Jepun

japoneză

saya

eu

anda

tu

dia / dia / ia

el/ea

kita

noi

anda

voi

mereka

ea

siapa?

cine?

apa?

ce?

bagaimana?

cum?

di mana?

unde?

bila?

când?

nama

nume

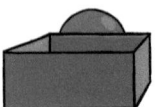

belakang

în spate

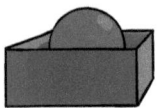

dalam

în

di hadapan

înainte

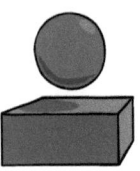

lebih

peste

pada

pe

di bawah

sub

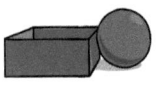

bersebelahan

lângă

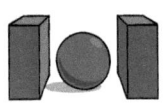

antara

între

tempat

loc